Elimination Dance

La danse éliminatoire

Elimination Dance

La danse éliminatoire

Michael Ondaatje

Traduction de Lola Lemire Tostevin

Brick Books

'Nothing I'd read prepared me for a body this unfair'
'Rien ne m'avait préparé pour un corps si injuste'
John Newlove

'Till we be roten, kan we not be rypen'
'Nous ne pouvons mûrir sans pourrir'
Geoffrey Chaucer

Contents

Those who are allergic to the sea

Ceux qui sont allergiques à la mer

Those who have resisted depravity

Ceux qui ont résisté à la perversité

Those who have resisted depravity

Men who shave off beards in stages, pausing to take photographs

Les hommes qui se sont rasé la barbe par étapes et se sont
photographiés entre chacune

American rock stars who wear Toronto Maple Leaf hockey
sweaters

Les stars américaines du rock qui portent des pulls de hockey des
Toronto Maple Leafs

Those who, while visiting a foreign country, have lost the end of a Q-tip in their ear and have been unable to explain their problem

Ceux qui, au cours d'une visite à l'étranger, ont perdu le bout d'un Q-tip dans une oreille et n'ont pas su expliquer leur problème

Gentlemen who have placed a microphone beside a naked woman's stomach after lunch and later, after slowing down the sound considerably, have sold these noises on the open market as whale songs

Les messieurs qui, après le déjeuner, ont placé un microphone au long du ventre d'une femme nue, ont considérablement ralenti le son, et ont par la suite vendu ces bruissements comme étant le chant de baleines

Ceux qui, au cours d'une visite à l'étranger, ont perdu le bout d'un Q-tip dans une oreille et n'ont pas su expliquer leur problème

All actors and poets who spit into the first row while they perform

Tout comédien et poète qui, au cours d'une représentation, ont craché sur les gens au premier rang

Anyone who has mistaken a flasher's penis for a loaf of bread while cycling through France

Toute personne qui a pris le pénis d'un exhibitionniste pour une baguette au cours d'une tournée cycliste en France

Anyone who has mistaken a flasher's penis for a loaf of bread while cycling through France

Men who fear to use an electric lawn-mower feeling they could
drowse off and be dragged by it into a swimming pool

Les hommes qui n'osent pas utiliser une tondeuse électrique de
peur qu'ils s'assoupissent et se fassent traîner dans une piscine

Any dinner guest who has consumed the host's missing contact
lens along with the dessert

Tout invité à dîner qui a avalé avec son dessert la lentille de
contact égarée de l'hôte

Any person who has the following dream. You are in a subway station of a major city. At the far end you see a coffee machine. You put in two coins. The Holy Grail drops down. Then blood pours into the chalice

Toute personne qui a rêvé le rêve suivant. Vous êtes dans une station de métro d'une grande ville. Au fin fond vous voyez une automate à café. Vous y introduisez deux pièces. Le Saint-Graal tombe de la machine et le sang se verse dans un calice

Any person who has lost a urine sample in the mail

Toute personne qui a perdu un échantillon d'urine dans la poste

Toute personne qui a perdu un échantillon d'urine dans la poste

Those who have noticed and then become obsessed with the fly crawling over Joan Fontaine's blouse during a key emotional scene in *September Affair*

Ceux qui sont devenus obsédés par la mouche grimpant la chemise de Joan Fontaine pendant une scène émotive dans le film *September Affair*

Anyone who has had to step into an elevator with all of the Irish Rovers

Toute personne qui est entrée dans un ascenseur avec tous les membres du groupe des Irish Rovers

Those who have filled in a bilingual and confidential pig survey from Statistics Canada (Une enquête sur les porcs, strictement confidentielle)

Ceux qui ont rempli un formulaire bilingue sur une enquête strictement confidentielle sur les porcs (A bilingual and confidential pig survey from Statistics Canada)

Those who have written to the age-old brotherhood of Rosicrucians for a free copy of their book 'The Mastery of Life' in order to release the inner consciousness and to experience (in the privacy of the home) momentary flights of the soul

Ceux qui ont écrit à la société des Rose-Croix pour une copie gratuite du livre *La Maîtrise de la Vie* afin de libérer leur conscient intérieur et d'éprouver, dans l'intimité du foyer, les vols passagers de l'âme

Those who have accidently stapled themselves

Ceux qui se sont déjà brochés avec une agrafeuse

Anyone who has been penetrated by a mountie

Toute personne qui s'est fait pénétrer par un membre de la
Gendarmerie royale du Canada

Those who have woken to find the wet footprints of a peacock across their kitchen floor

Those currently working on a semaphore edition of War and
Peace.

Ceux qui à l'heure actuelle travaillent une édition sémaphore de
La guerre et la paix

Any university professor who has danced with a life-sized
cardboard cut-out of Jean Genet

Tout professeur universitaire qui a dansé avec un découpage
grandeur naturelle de Jean Genet

Those who have unintentionally locked themselves within a
sleeping bag at a camping goods store

Ceux qui se sont involontairement coincés dans un sac de
couchage dans un magasin de camping

Any woman whose IUD has set off an alarm system at the airport

Toute femme dont le stérilet a déclenché le système d'alarme dans
un aéroport

Toute femme dont le stérilet a déclenché le système d'alarme dans un aéroport

Those who, after a swim, find the sensation of water dribbling out of their ears erotic

Ceux qui, après s'être baignés, trouvent que l'eau qui dégoutte de leurs oreilles est une sensation érotique

Men who have never touched a whippet

Les hommes qui n'ont jamais touché un whippet

Men who have never touched a whippet

Women who gave up the accordion because of pinched breasts

Les femmes qui ont abandonné l'accordéon à cause de seins pincés

Those who have pissed out of the back of moving trucks

Ceux qui ont pissé à l'arrière d'un camion en marche

Les femmes qui ont abandonné l'accordéon à cause de seins pincés

Those who have woken to find the wet footprints of a peacock
across their kitchen floor

Ceux qui au réveil ont trouvé des pistes humides de paon sur leur
plancher de cuisine

Anyone whose knees have been ruined as a result of performing
sexual acts in elevators

Toute personne dont les genoux ont été ruinés à cause de rapports
sexuels dans les ascenseurs

Anyone whose knees have been ruined as a result of performing sexual acts in an elevator

Those who have so much as contemplated the possibility of creeping up to one's enemy with two Bic lighters, pressing simultaneously the butane switches – one into each nostril – and so gassing him to death

Ceux qui ont considéré la possibilité de se glisser vers un ennemi avec deux allume-cigarettes Bic afin de l'asphyxier en pressant simultanément les deux baguettes butanes, une dans chaque narine

Literary critics who have swum the Hellespont

Les critiques littéraires qui ont traversé à la nage l'Hellespont

Les critiques littéraires qui ont traversé à la nage l'Hellespont

Those who have used the following books as a means of pick-up on trains or any other form of public transport: *The Story of O, The Hunchback of Notre Dame, More Advice from the Back Doctor, Amazons, The Double Hook, The Chomsky Reader*

Ceux qui se sont servi des livres suivants pour draguer sur les trains ou sur aucun autre moyen de transport publique: *L'Histoire de O, Notre-Dame de Paris, D'autres conseils du médecin pour le dos, Amazones, The Double Hook, Lectures Chomsky*

Any lover who has gone into a flower shop on Valentine's Day and asked for clitoris when he meant clematis

Tout amant qui, à la Saint-Valentin, est entré dans une boutique de fleuriste et a demandé pour un clitoris au lieu d'une clématite

Any lover who has gone into a flower shop on Valentine's Day and asked for clitoris when he meant clematis

Anyone who has consumed a dog's heart pills during seasons of passion

Toute personne qui a avalé des comprimés pour le coeur d'un chien pendant les saisons de passion

Those who have come across their own telephone numbers underneath terse insults or compliments in the washroom of the Bay Street Bus Terminal

Ceux qui ont trouvé par hasard leurs numéros de téléphone griffonés au-dessous d'insultes ou de compliments dans les toilettes du terminus de la rue Bay

Toute personne qui a avalé des comprimés pour le coeur d'un chien pendant les saisons de passion

Those who have used the following techniques of seduction: small talk at a falconry convention; entering a spa town disguised as Ford Madox Ford; making erotic rotations of the pelvis, backstage, during the storm scene of *King Lear*; underlining suggestive phrases in the prefaces of Joseph Conrad

Ceux qui ont déjà suivi les techniques de séduction suivantes: causerie banale à un congrès sur les faucons; entrée dans une station thermale déguisés en Ford Madox Ford; rotations érotiques du bassin dans les coulisses pendant la scène de la tempête de *King Lear*; le soulignement de phrases suggestives dans les préfaces de Joseph Conrad

Anyone who has testified as a character witness for a dog in a court of law

Tout homme qui a témoigné en faveur d'un chien à la cour de justice

... entering a spa town disguised as Ford Madox Ford

Any writer who has been photographed for the jacket of a book in one of the following poses: sitting in the back of a 1956 Dodge with two roosters; in a tuxedo with the Sydney Opera House in the distance; studying the vanishing point on a jar of Dutch Cleanser; against a gravestone with dramatic back lighting; with a false nose on; in the vicinity of Machu Picchu; or sitting in a study and looking intensely at one's own book

Tout écrivain qui s'est fait photographier pour la couverture d'un livre dans les poses suivantes: assis sur le siège arrière d'une Dodge 1956 avec deux coqs; étudiant de près le point de fuite sur une boîte de nettoyant Dutch; debout, vêtu de jean délavé devant une cabine de troncs d'arbre; assis contre une pierre tombale avec un éclairage à contre-jour dramatique; dans une serre feignant connaître le nom de chaque fleur; à côté d'une moissonneuse-lieuse; avec un faux nez; dans les environs du Machu Picchu; assis dans son bureau examinant de près son propre livre

The person who borrowed my Martin Beck thriller, read it in a sauna which melted the glue off the spine so the pages drifted to the floor, stapled them together and returned the book, thinking I wouldn't notice

La personne qui a lu ma copie d'un roman policier de Martin Beck dans un sauna ce qui a décollé les pages, les a agrafées et m'a rendu le livre croyant je n'allais pas m'en apercevoir

Any person who has burst into tears at the Liquor Control Board

Toute personne qui s'est fondue en larmes à la Régie des alcools

Toute personne qui s'est fondue en larmes à la Régie des alcools.

Anyone with pain

Toute personne qui souffre

✪ Locations in the world where Elimination Dances occur

★ Locations where the callers have a ᴘʜ.ᴅ.

● Locations where dances have resulted in mass marriages or serious battles with the police

✪ Régions au monde où ont encore lieu des danses éliminatoires

★ Régions où les annonceurs doivent avoir leur doctorat

● Régions où les danses ont quelques fois abouti en des mariages en masse ou en des sérieuses bagarres avec la police

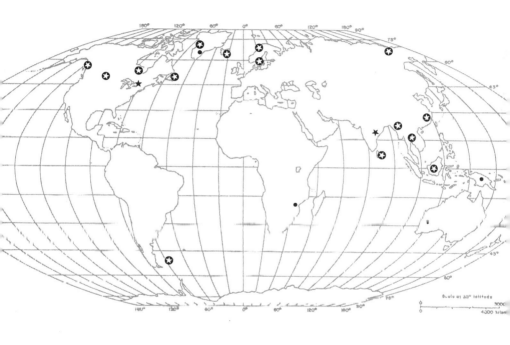

THE WORLD

45

CANADA

Locations in Canada where Brian Mulroney has been burned in effigy or pissed on from a great height during a motorcade

Endroits au Canada où Brian Mulroney a été brûlé en effigie et aussi où on lui a pissé dessus pendant une motocade

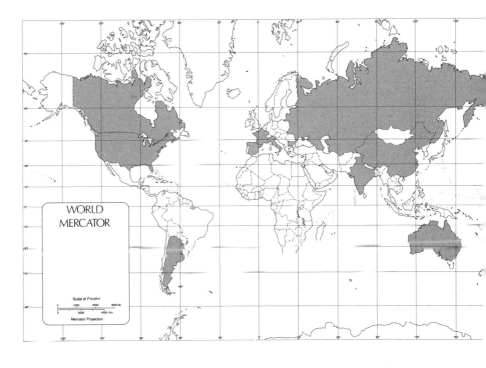

WORLD
MERCATOR

Scale at Equator
0   1000   2000   3000 M.
0   2000   4000 Km.
Mercator Projection

Wheat growing areas of the world

Régions où l'on cultive le blé

47

Areas of Toronto destroyed by Art Eggleton's pro-development
policy during his mayoralty years

Régions de Toronto détruites par l'objectif pro-développement
pendant la mairie d'Art Eggleton

Study Questions

1. Does the author's fuck-you tone contribute to the theme of the poem as a whole?
2. Compare *Elimination Dance* with 'The Rape of the Lock' – with special emphasis on the use of zeugma.
3. Is the author's use of simple language a conscious attempt to mask his social agenda OR is he an unconscious victim of his own prejudices?
4. Diana Whitehouse – where are you? I knew you when I was 14 years old. I heard your name mentioned over the loudspeakers at Heathrow Airport in 1989. Please contact me c/o Brick Books, Box 38, Station B, London, Ontario, Canada N6A 4V3.
5. Does the figure of the mountie in the poem function as a textual censor-sensor?
6. Is the central theme of choice an illustration of rational elitism or animistic determinism?

Questionnaire d'étude

1. Est-ce que le ton 'va-te-faire-foutre' de l'auteur contribue au thème de ce poème?
2. Ecrivez une dissertation qui compare *La Danse éliminatoire* à *la Boucle de Cheveux dérobée* – soulignant l'usage du zeugme.
3. Croyez-vous que l'auteur se rend compte que son langage simple déguise ses perspectives sociales OU est-il une victime inconsciente de ses propres préjugés?
4. Diane Whitehouse – où êtes-vous? Je vous connaissais quand j'avais 14 ans. J'ai entendu votre nom sur les haut-parleurs de l'aérogare Heathrow en 1989. Prière de me contacter a/s Brick Books, CP 38, Succursale B, London, Ontario, N6A 4V3, Canada.
5. Le personnage de la Gendarmerie royale dans le texte, agit-il en tant que censeur ou en tant que phénomène sensoriel?
6. Croyez-vous que le thème du choix, sujet central du texte, fasse preuve d'un élitisme rationnel ou d'un déterminisme animiste?

Further Eliminations

Further Eliminations

Further Eliminations

Michael Ondaatje's books include *Secular Love, In the Skin of a Lion, Running in the Family, The Collected Works of Billy the Kid.* Recently he has edited *From Ink Lake*, a selection of Canadian stories. A short, moral film he scripted called *Love Clinic* is now in circulation on the black market. *Elimination Dance* is also available in a multi-lingual edition on the cassette *Previous Canoes* (Coach House Press, 401 (Rear), Huron Street, Toronto, Ontario, Canada M5S 2G5).

Lola Lemire Tostevin est l'auteur de quatre recueils de poèmes, *Color of Her Speech, Gyno-Text, Double Standards, 'sophie.* Son roman *Frog Moon* doit apparaître en 1992.

CANADIAN CATALOGUING IN PUBLICATION DATA

Ondaatje, Michael, 1943-
    Elimination dance = La danse éliminatoire

Bilingual traveller's ed.
Text in English and French.
ISBN 0-919626-55-6

I. Title.   II. Title: La danse éliminatoire.

PS8529.N33E5 1991   C818'.5407   C91-095389-9E
PR9199.3.O53E5 1991

Brick Books
Box 38, Station B
London, Ontario
N6A 4V3